BIBLIOTHÈQUE

DES

ENFANTS PIEUX

APPROUVÉE

PAR Mgr L'ÉVÊQUE DE NEVERS

VIE

DE

SAINTE EULALIE

VIERGE ET MARTYRE

IVᵉ SIÈCLE

PAR HUBERT LEBON

TOURS

ALFRED MAME ET FILS, ÉDITEURS

1865

VIE

DE

SAINTE EULALIE

Sainte Eulalie, dont Prudence, un de nos plus célèbres poëtes chrétiens, a célébré le glorieux triomphe, était de Mérida, capitale de la Lusitanie en Espagne, mais qui est bien déchue de son ancienne splendeur depuis que le siége archiépiscopal qui y était a été transféré à Compostelle. Issue d'une des meilleures familles d'Espagne, Eulalie eut encore le bonheur d'avoir des parents très-chrétiens, et d'être élevée dans une grande piété.

Dès son enfance, elle fit paraître une admirable douceur de caractère, une modestie rare, une gravité, un éloignement pour la parure et les plaisirs du monde, qui montraient déjà qu'elle avait un désir sincère de mener sur la terre une vie vraiment céleste. Ne voyant que Dieu, ne voulant aimer que lui, élevée par sa vertu au-dessus de toutes les choses créées, elle n'aimait rien de ce qui flatte les jeunes personnes; tout son bonheur était d'entendre raconter les victoires des martyrs, et de lire les actes de leurs combats.

Elle n'avait encore que douze ans, lorsque parurent les édits de Dioclétien par lesquels il était ordonné à tous les chrétiens de sacrifier aux dieux de l'empire. Malgré sa jeunesse, elle regarda la publication de ces édits comme le signal du combat. Sa mère, pour réprimer l'ardeur qu'elle montrait pour le martyre, essaya de lui dépeindre les cruels tourments qu'avaient à souffrir les confesseurs de la foi ; mais, au lieu d'être intimidée par ces tableaux, elle aspirait encore plus au moment où elle pourrait souffrir pour Jésus-Christ.

Les empereurs envoyèrent à Mérida Calpurnius, chargé de leurs ordres. Dès que la mère d'Eulalie apprit son arrivée, connaissant l'ardeur de sa fille, et la croyant capable de se déclarer elle-même, tant elle soupirait après le martyre, elle la conduisit à la campagne, et la fit garder avec soin, pour l'éloigner de tout péril. Mais la Sainte, poussée par l'Esprit-Saint, parla à une fille nommée Julie, qui la gardait, et sut si bien lui inspirer l'ardeur dont elle était animée, qu'elle la décida à prendre avec elle la fuite et à s'aller présenter au tyran pour souffrir le martyre. Les deux jeunes filles quittent donc durant la nuit leur paisible retraite, dans le but d'aller affronter les tortures et la mort.

Eulalie, dans sa fuite, hâtait le pas d'une manière si rapide, que sa compagne, ayant peine à la suivre, lui disait : « Hâtez-vous tant qu'il vous plaira, Eulalie, votre ardeur ne vous servira à rien; vous espérez souffrir le martyre avant moi; mais, je vous l'assure, je dois remporter cette palme avant vous. » C'est, en effet, ce qui arriva, car Julie fut martyrisée avant Eulalie.

Quel zèle tout céleste, quel héroïsme merveilleux que celui de ces deux jeunes chrétiennes volant aux plus affreux supplices avec la même ardeur que si elles se fussent hâtées vers le plus beau jour de fête que l'on puisse avoir dans la vie!...

Les chemins inconnus que suivirent la nuit nos deux jeunes Saintes étaient si remplis de cailloux, que la jeune Eulalie en eut les pieds tout meurtris.

Dès leur entrée dans la ville, nos jeunes héroïnes se présentent hardiment devant le tribunal du gouverneur. « Si vous cherchez des chrétiens, dit Eulalie, me voici ; ennemie de vos sacrifices impies, je déteste vos idoles et je confesse un seul Dieu de cœur et de bouche. Vos divinités et vos empereurs même ne sont rien, parce que les unes ne sont que les ouvrages des hommes, et que les autres les adorent. Cependant, que les maîtres du monde s'abaissent au-dessous des pierres, leur offrent de l'encens, leur dévouent leur âme, nous ne pouvons l'empêcher ; mais pourquoi tourmenter ceux qui ont des sentiments plus nobles ? Ces excellents juges se repaissent de leur sang innocent, déchirent les entrailles des saints, et mettent leur plaisir à leur faire abandonner la foi... Ainsi, bourreaux, vous pouvez exercer vos fureurs sur des membres qui doivent périr ; coupez-les, déchirez-les, brûlez-les ; mais nos âmes sont à l'abri de vos coups, et sur elles vous ne pouvez rien. »

Le gouverneur, étonné d'un langage aussi hardi de la part d'une jeune fille, lui demande qui elle est et ce qu'elle veut. « Je suis chrétienne, répond Eulalie, et le Dieu que j'adore m'inspire l'horreur que j'ai pour votre impiété.

— Mon enfant, lui dit le gouverneur, savez-vous à qui vous parlez?

— Oui, répond Eulalie : c'est au gouverneur que je parle, et c'est pour cela que je dis que c'est une impiété d'obliger les chrétiens à sacrifier aux faux dieux. »

Calpurnius chercha à la gagner par des promesses et des caresses, puis ensuite par des menaces. Mais voyant que tous ces moyens étaient inutiles, il fit exposer à ses yeux les instruments destinés à la tourmenter, puis lui dit qu'elle ne souffrirait aucune torture, si elle voulait seulement prendre du bout du doigt un peu de sel et d'encens, Eulalie, pour montrer qu'elle ne se laisserait pas séduire, renversa l'idole et foula aux pieds le gâteau préparé pour le sacrifice.

Calpurnius, irrité, ordonna la torture. Deux bourreaux lui déchirèrent d'abord tout le corps avec des fouets garnis de plomb, de sorte qu'il ne fut bientôt qu'une plaie; ensuite on lui appliqua des tisons ardents sur les côtés et sur la poitrine; en même temps, pour augmenter les douleurs, on versait de l'huile bouillante sur ses blessures. Eulalie souffrit toutes ces tortures sans se plaindre, et n'ouvrit la bouche que pour louer le Seigneur et lui rendre grâces. Le gouverneur, étonné de tant de constance, lui fit déchirer la chair jusqu'aux os avec des ongles de fer. Eulalie, voyant son corps tout déchiré et couvert de sang, s'écria en levant les yeux au ciel : « O mon Dieu, ces blessures sont des lettres qui gravent sur moi votre ressemblance; elles confirment que je suis véritablement votre épouse, et que votre miséri-

corde me rendra digne de ce titre glorieux. »
Les bourreaux, voyant que rien ne pouvait
affaiblir sa constance, se décidèrent à la brûler vive. Ils allumèrent un grand feu autour
d'elle. Ses cheveux, qui étaient épars sur
ses épaules, furent bientôt atteints par la
flamme, et elle en fut étouffée.

Elle reçut ainsi la couronne du martyre
le 10 décembre, au commencement du
IV⁰ siècle. Les chrétiens vinrent l'ensevelir
près du lieu de son supplice; et plus tard,
lorsque le grand Constantin eut rendu la
paix à l'Église, on éleva en son honneur une
magnifique basilique sur son tombeau, que
Dieu glorifia par plusieurs miracles.

On dit que le corps de sainte Eulalie fut
transporté à Oviédo vers le VIII⁰ siècle; on
le conserve encore dans la cathédrale de
cette ville, dans une magnifique chapelle
dédiée à cette sainte.

Pendant que sainte Eulalie souffrait dans

les tortures, sainte Julie sa compagne fut aussi arrêtée comme chrétienne et condamnée à être décapitée. Cette sentence reçut aussitôt son exécution; ainsi fut accomplie la prédiction faite par elle-même, qu'elle mourrait avant que sainte Eulalie eût consommé son martyre.

Quelles affreuses tortures inventées par l'enfer contre les héros de notre foi! Et cependant avec quel étonnant courage les chrétiens ne les enduraient-ils pas!

Aussi les païens, qui ne s'expliquaient point la puissance de la charité chrétienne, qui est plus forte que la mort, ne pouvaient-ils comprendre que des hommes de chair comme eux, souvent des vieillards débiles, des femmes délicates ou de faibles enfants, pussent endurer de telles tortures sans se plaindre, et sourire même sous le fer des bourreaux.

Nous ne devons pas oublier que, si nous

ne sommes pas tous appelés à la gloire du martyre, nous devons au moins tous vivre dans un esprit de sacrifice, c'est-à-dire être dans la disposition de ne vouloir que ce que Dieu veut, et de lui immoler nos corps et nos âmes avec toutes leurs facultés. Nous lui immolerons véritablement nos corps, si nous souffrons avec patience, si nous pratiquons la chasteté, la tempérance, la mortification ; nous lui immolerons nos âmes, si nous avons soin de nous entretenir dans de vifs sentiments d'adoration, d'amour, de respect et de componction. En vivant de la sorte, nous serons toujours au Seigneur, et nous remporterons la palme d'une sorte de martyre qui, pour n'être pas sanglant, ne laisse pas d'être fort méritoire, par la longueur des combats et la générosité des efforts.

PRIÈRE.

Sainte Eulalie, votre exemple est la condamnation de notre délicatesse et de notre tiédeur; demandez à Dieu qu'il verse en nos âmes quelques flammes de cette sainte ardeur qui embrasait la vôtre. O Vierge généreuse, martyre pleine de courage, de constance et d'intrépidité, obtenez-nous d'être généreux dans le service du Seigneur, fervents et inébranlables dans son saint amour.

VIE

DE

SAINTE JULIE

VIERGE ET MARTYRE

Ve SIÈCLE.

VIE

DE

SAINTE JULIE

—

Genséric, roi des Vandales, s'était rendu maître de toute l'Afrique, et après avoir fait la guerre aux hommes il faisait la guerre à Dieu, pillant les églises, massacrant les catholiques, établissant l'arianisme par le fer, le feu et les plus atroces barbaries. Carthage fut ravagée par ses soldats. Les femmes et les filles de qualité furent vendues à des marchands.

Au milieu de ce terrible désastre, Julie,

qui était d'une des meilleures familles de la ville, devint l'esclave d'un marchand de Syrie nommé Eusèbe, et païen de religion.

Julie, quoique bien jeune encore, était préparée par ses grandes vertus aux cruels revers que lui envoyait la Providence. Elle souffrit avec une patience admirable l'humiliation et les peines attachées à la servitude ; elle en vint même jusqu'à chérir son état et à le préférer à tout autre pour l'amour de Jésus-Christ. Elle s'appliqua à servir son maître avec tout le soin dont elle était capable, et, quoique élevée dans la délicatesse et accoutumée à être servie, elle remplissait dans la maison de son maître les plus humiliantes fonctions avec une docilité qui témoignait de sa liberté intérieure et du grand calme de son âme.

S'il lui restait quelques instants de relâche après avoir fait dans la maison de son maître tout ce qui lui était prescrit, elle consacrait ces courts moments à la prière et à la lecture de quelques livrés pieux. Elle jeûnait tous les jours de la semaine, excepté le dimanche; et malgré son travail elle pratiquait plusieurs autres austérités encore. Aussi son maître, quoique païen, ne pouvait se lasser d'admirer une religion qui inspirait tant de vertus. Il estimait et aimait Julie à raison de son mérite, et souvent l'exhortait à se ménager davantage et à prendre un plus grand soin d'elle-même.

Dans la ferveur de ses prières, Julie demandait souvent à Dieu qu'il lui accordât la grâce de mourir en versant pour lui son sang; et Dieu, qui voulait récompenser de la couronne du martyre celle qui se montrait si généreuse par les longues souffrances de sa captivité, fit naître l'occasion que notre Sainte ambitionnait.

Après avoir passé quelques années en Syrie, son maître, qui faisait un commerce considérable de riches marchandises du Levant, qu'il faisait transporter dans les Gaules, étant obligé de s'embarquer pour la Provence, résolut d'emmener Julie avec lui. Le vaisseau étant arrivé à la pointe septentrionale de l'île de Corse, que l'on appelle aujourd'hui Capo Corso, il ordonna de jeter l'ancre et descendit sur le rivage. Il se joignit aux habitants du pays, qui célébraient une fête en l'honneur de leurs dieux, et qui allaient leur sacrifier un taureau.

Julie se tint à l'écart pour ne point participer à la cérémonie; elle ne put même s'empêcher de déplorer hautement l'impiété et l'extravagance des païens.

Félix, gouverneur de l'île, est bientôt instruit de la liberté généreuse avec laquelle la jeune esclave s'était expliquée. Il fait venir le marchand étranger, et lui demande quelle est cette femme qui ose ainsi parler contre les dieux de l'empire.

Eusèbe lui répond que c'est une chrétienne, qu'elle est son esclave, et qu'il n'a jamais pu la déterminer à changer de religion; qu'au reste il la trouvait très-fidèle et très-exacte à son devoir, et que jamais il ne prendrait sur lui de la renvoyer.

Félix propose à Eusèbe de la lui livrer, et lui offre en échange quatre de ses meilleurs esclaves. « Tout votre bien, répondit celui-ci, ne suffirait pas pour la payer ce qu'elle vaut. Je me déferais pour la conserver de tout ce que j'ai de plus précieux et de plus cher. »

Félix n'en reste pas là, il invite Eusèbe à manger avec lui, et donne des ordres pour qu'on l'enivre. Lorsqu'il le voit endormi, il envoie chercher Julie, et lui dit que si elle veut sacrifier aux dieux il se charge de la faire mettre en liberté. « Sacrifie aux dieux, lui dit-il, et si tu m'obéis, je te rachète et je te donne la liberté; reçois-en ma parole.

— Je suis libre, répond Julie, et on l'est toujours tant que l'on sert fidèlement Jésus-Christ et qu'on n'appartient qu'à lui seul. Moi, acheter ce que vous appelez liberté par une lâche apostasie!... Non, jamais, quelque chose qui puisse m'arriver, je ne donnerai ainsi mon cœur à des dieux qui font de vous des esclaves. Ne me vantez donc pas vos superstitions; loin de les respecter, je les abhorre. »

Un langage aussi hardi met en courroux le gouverneur, qui se croit bravé par une femme. Il la fait frapper au visage et lui fait arracher les cheveux. « Si mon Sauveur, dit Julie, a bien voulu qu'on lui donnât des soufflets et qu'on lui crachât au visage, le traitement que vous me faites m'est honorable, et il est juste que je sois traitée comme lui. » Le gouverneur, de plus en plus irrité, la fait frapper de coups, et enfin il la fait pendre. C'était le 22 de mai. Les moines de l'île de Gorgone, entre l'île de Corse et Livourne, ayant été instruits du martyre de notre Sainte, vinrent enlever son corps pour lui donner la sépulture. Didier, roi de Lombardie, le fit transférer à Bresse en 763.

Sainte Julie avait une piété si solide, qu'elle ne se démentit dans aucune des circonstances de sa vie. Toujours elle adora les desseins de la Providence, et, au lieu de se plaindre des malheurs qui lui arrivèrent, elle les regarda comme des épreuves que Dieu lui envoyait, et elle s'en servit pour se perfectionner de plus en plus dans la vertu. Sa fidélité ne resta pas sans récompense. Le Ciel, par une suite admirable d'événements, la conduisit à la sainteté et l'éleva à la dignité de vierge et de martyre.

PRIÈRE.

Sainte Julie, jeune vierge qui, fûtes si résignée aux plus rudes épreuves, esclave qui étiez libre dans les fers, chrétienne généreuse qui braviez les tourments et ne soupiriez qu'après la glorieuse couronne du martyre, priez pour nous, et demandez à Dieu qu'il nous donne une entière soumission à ses volontés saintes, une pleine liberté au milieu de tous les événements de la vie, et une charité qui nous fasse tout braver lorsqu'il s'agit de nous conserver purs et fidèles.

VIE

DE

SAINTE JULIETTE

MARTYRE

QUATRIÈME SIÈCLE

VIE

DE

SAINTE JULIETTE

Juliette était issue d'une illustre famille de la ville d'Icone, dans la Lycaonie. Sous l'empire de Dioclétien et de Maximien, cette province fut gouvernée par un homme cruel et barbare, nommé Domitien. Sainte Juliette, voyant que la persécution s'allumait, se retira, selon le conseil de l'Évangile, dans la ville de Séleucie, en Isaurie; elle emmena avec elle saint Cyr, son jeune fils, alors âgé de trois ans; mais il se trouvait là un proconsul de la Cilicie, nommé Alexandre, qui n'était pas moins cruel que Domitien contre les chrétiens qui refusaient de sacrifier aux dieux.

Juliette, pour échapper encore à ce nouveau persécuteur, quitta Séleucie et se rendit à Tarse ; mais en même temps qu'elle arriva le proconsul Alexandre.

Juliette, dans son pays, avait été dépouillée de presque tous ses biens par un homme puissant. Cité par elle en justice, cet usurpateur, ne pouvant donner pour se défendre aucune bonne raison, prétendit que Juliette était chrétienne, et que, pour cette raison, d'après les édits des empereurs, elle ne pouvait être admise à faire valoir ses droits en justice.

Alexandre, ayant appris toute cette histoire, fait arrêter Juliette et se la fait amener avec son enfant. « Juliette, lui dit-il, vous êtes chrétienne. Jamais vous ne pourrez invoquer les lois et vous en faire un appui, si vous ne sacrifiez aux dieux de l'empire. Renoncez donc à Jésus-Christ et sacrifiez aux dieux. — Je suis chrétienne ; rien au monde, répond Juliette, ne me fera sacrifier aux dieux. Je suis prête à perdre non-seulement mes biens, mais ma vie même, plutôt que de renier Jésus-Christ. » Le proconsul insiste, et la presse d'abjurer sa foi ; mais, plus jalouse encore du sacrifice de sa vie que du sacrifice de ses biens, Juliette répond constamment : « Je suis chrétienne, et rien au monde ne me fera renier Jésus-Christ. »

Alexandre, irrité, lui fait arracher son enfant, la fait étendre sur le chevalet, et fait décharger sur elle des coups de nerf de bœuf.

La Sainte, au milieu de ces tourments, ne se lasse point de redire ces paroles : « Je suis chrétienne, et je ne sacrifierai point à vos dieux. »

Le jeune Cyr, voyant ainsi frapper sa mère, pleurait, poussait des cris, et tournait vers elle ses petits bras innocents. Le tyran prend alors le jeune enfant, l'assepit sur ses genoux, et, pendant qu'il fait torturer la mère, il ose caresser son enfant ; il va même, pour apaiser ses cris, jusqu'à vouloir l'embrasser ; mais le jeune enfant, ne cessant de regarder sa mère, cherche à s'échapper des bras du proconsul. « Je suis chrétien ! » crie-t-il aussi comme sa mère, et il se débat en même temps des pieds et des mains.

Alors le tyran, perdant patience, prend l'enfant par un pied, et du trône où il est assis le jette à terre avec fureur. La tête du jeune enfant ayant violemment frappé sur l'angle des degrés du trône, le crâne s'entr'ouvre, et aussitôt la cervelle et son sang couvrent le sol.

Ainsi expire le jeune saint Cyr, allant attendre aux cieux celle qui va bientôt le rejoindre. Pauvre mère ! elle venait d'assister à un spectacle plus déchirant pour son cœur que toutes les tortures qu'elle endurait ; mais au lieu de se plaindre elle s'écrie, dans le transport d'une joie toute chrétienne ;

« O mon Dieu, grâces à vous, car ce fils que vous appelez avant moi n'a fait que me précéder, je vais bientôt le revoir pour n'en être plus séparée. »

Le juge, que sa cruauté contre un faible enfant semble avoir rendu plus cruel encore, ne voit en Juliette qu'une victime sur laquelle il faut qu'il épuise toutes ses fureurs. Il anime les bourreaux, leur ordonne de déchirer le corps de Juliette jusqu'aux entrailles ; et, pour multiplier les tortures, il lui fait en même temps verser sur les pieds un vase de poix bouillante.

Tant de tourments émeuvent de pitié l'un de ceux qui sont présents. « Juliette, lui crie-t-il, ayez pitié de vous, et sacrifiez aux dieux. » Mais la Sainte, dont on déchire les chairs, répond courageusement : « Je ne sacrifie pas aux démons : j'adore Jésus-Christ. Je suis chrétienne, et rien au monde ne me forcerait à renier mon Dieu. J'espère rejoindre bientôt mon fils, qui n'a fait que me précéder au ciel. » En disant cela, la Sainte, oubliant ses tortures, ne voyait que le ciel, et croyait jouir déjà de la félicité promise aux martyrs.

Le juge, las enfin d'exercer vainement sa rage sur le corps de notre Sainte, ordonne qu'on la fasse brûler. Juliette, rayonnante de joie, se traîne sur le bûcher, et s'agenouillant elle s'écrie, les yeux élevés vers le ciel : « Seigneur, qui avez daigné admettre mon fils dans la gloire des saints, abaissez sur moi vos regards, et donnez à sa mère une place parmi les âmes destinées à vous aimer éternellement. » Après cette prière, toute rayonnante d'allégresse, elle consomma son sacrifice dans le feu.

Que d'avantages à retirer de ces grands exemples de vertus que les martyrs nous ont donnés dans leurs combats! Le mépris qu'ils ont fait des biens et des grandeurs de ce monde nous apprend à ne compter pour rien les biens fragiles de cette terre, et à ne rechercher que ceux de l'éternité. Les tyrans leur présentaient des richesses et des dignités; mais ils méprisaient leurs dons séducteurs, et se laissaient, au contraire, dépouiller de leurs biens avec joie; ils bravaient les lames rougies et les supplices les plus infâmes pour ne pas perdre la grâce de Dieu et les biens éternels qu'il promet à ses serviteurs.

Tant d'héroïsme et de patience dans les martyrs doit nous apprendre à souffrir avec résignation les adversités et les misères d'ici-bas, les douleurs, la pauvreté, les persécutions, le mépris, et tout ce qui peut nous mortifier : nos souffrances sont si peu de chose auprès de celles qu'enduraient les martyrs ! Une seule pensée adoucissait leurs maux, leur faisait supporter avec calme les injures, les tourments et les outrages dont on les accablait : ils souffraient pour l'amour de

Dieu, et accomplissaient ainsi sa volonté!

Dans nos plus grandes adversités songeons donc aux terribles souffrances des martyrs, et rougissons de nous plaindre des contrariétés qui nous arrivent; résignons-nous à la volonté de Dieu, et disons avec saint Vincent de Paul : «S'unir et se conformer à la volonté de Dieu est un remède à tous les maux.»

PRIÈRE.

Sainte Juliette, vous qui avez abandonné pour l'amour de votre Dieu vos biens et votre vie, et qui maintenant régnez près de lui dans la félicité de ses élus, jetez les yeux sur nous, et priez-le qu'il nous accorde la grâce de l'aimer avec ardeur et de triompher jusqu'à la mort des ennemis de notre salut.

FIN.

Tours, impr. MAME.

VIES
DE
N. S JÉSUS-CHRIST.   la SAINTE VIERGE.
S. Alexis.   S e Adélaïde.
— Antoine.   — Agathe.
— Augustin   — Agnès.
— Bernard.   — Angèle.
— Charles Borrom.   — Anne.
— Clément.   — Catherine.
— Eugène.   — Cécile.
— François de Sales. — Claire.
— François Xavier.   — Clotilde.
— Henri.   — Elisabeth.
— Jacques.   — Eulalie.
— Jean-Baptiste.   — Félicité.
— Léon.   — Geneviève.
— Louis de Gonz.   — Isabelle.
— Louis, roi de Fr. — J.-F. de Chantal.
— Martin.   — Julienne.
— Nicolas.   — Lucie.
— Paul.   — Marguerite.
— Philippe.   — Marie-Madeleine
— Pierre.   — Monique.
— Stanislas Kostka. — Philomène.
— Thomas.   — Rose de Lima
— Victor.   — Thérèse.
— Vincent de Paul.   — Victoire.
EVANGELIUM
A. FEART DEL.   BRESSE